por Jonah Winter ilustrado por Ana Juan

Traducido por Teresa Mlawer

SCHOLASTIC INC.

NEW YORK TORONTO LONDON AUCKLAND SYDNEY MEXICO CITY NEW DELHI HONG KONG BUENOS AIRES

Para mi madre.

— J. W.

Al pequeño artista que

vive en tu corazón.

— A. J.

Frida viene al mundo.

Para la pequeña Frida, el mundo es México.

Su casa es azul. Está en el pueblo de Coyoacán.

El papá de Frida es pintor
y fotógrafo.

Él le enseña a usar el
pincel.

La mamá de Frida tiene que cuidar a sus seis hijas; con frecuencia se siente cansada.
Aunque tiene hermanas, muchas veces Frida se siente sola.

Frida tiene una amiga imaginaria que también se llama Frida.

Juegan juntas.

Un día, Frida se enferma. Tiene
que guardar cama durante meses. Algo le
pasa a una de sus piernas. Ni siquiera
su amiga imaginaria la puede alegrar.

Durante este tiempo, Frida aprende a dibujar por sí misma. Cuando dibuja no se siente triste.

Cuando se recupera,
quiere ser artista.
Pinta pequeños cuadros
que son copias de otros
cuadros.

El papá de Frida se
dedica a colorear
fotografías y le
enseña a Frida
cómo hacerlo.

Frida también pinta lo que ve a través del microscopio.
Le encanta verlo todo muy de cerca.

Frida estudia ciencias en el colegio, pero se aburre.

Las clases le resultan muy fáciles.
Un día, al regresar a casa en el autobús...

ocurre un horrible accidente.

Un tranvía choca contra el autobús
y Frida casi se muere.

En el hospital, dibujar es lo que la salva una vez más. Dibujar es como tener una amiga imaginaria. Está presente cada vez que ella quiere. Le hace compañía y le da fuerzas para no perder la esperanza.

Después del accidente, la vida no es igual para Frida.
Camina con un bastón, cuando puede hacerlo.
Siempre siente dolores en todo el cuerpo.

Pero Frida no se queja ni llora.
En lugar de llorar,
se dibuja llorando.

Cuando no se puede levantar, pinta en la cama.

Cuando le enyesan el torso,
pinta en el yeso.

Nada puede hacer que Frida deje de pintar. Como está tanto tiempo sola en casa, tiene que usar su imaginación.

Pinta lo que ven sus ojos y lo que siente su corazón. Es casi como colorear fotografías.

Pinta pequeñas escenas mágicas con una explicación escrita. En México es común ver esta clase de dibujos. A veces, representan escenas de accidentes con ángeles que vienen al rescate. Son como oraciones por las personas enfermas y con problemas. Se llaman *exvotos*. Frida pinta *exvotos* con su propia imagen cuando está enferma o cuando siente dolor.

Frida no imita el
estilo de nadie. Sus pinturas
son únicas. En los museos,
cuando las personas ven sus
cuadros, se echan a llorar,
suspiran o sonríen. Y es que
Frida convierte su dolor
en algo maravilloso.
Es como un
milagro.

¡Viva Frida!

¡Viva Frida, siempre!

NOTA DEL AUTOR

FRIDA KAHLO NACIÓ EL 6 DE JULIO DE 1907, en Coyoacán, México. Sus padres eran Guillermo Kahlo y Matilde Calderón de Kahlo. A la edad de 7 años, enfermó de polio y tuvo que guardar cama durante nueve meses. Como resultado de esta enfermedad, quedó con una pierna más corta que la otra y cojeaba al caminar. A los dieciocho años sufrió un terrible accidente cuando el autobús en el que viajaba chocó con un tranvía.

Fue un verdadero milagro que sobreviviera y que fuera capaz de pintar, teniendo en cuenta los constantes dolores que padeció durante el resto de su vida. El que sus pinturas estén consideradas entre las más bellas y originales obras de arte es un homenaje a su espíritu indomable y a su fuerza de voluntad. Su popularidad se hace evidente al ver sus obras en muchos museos del mundo, en libros, en carteles y en anuncios publicitarios.

Su popularidad, que ha ido en aumento desde su muerte, ocurrida el 13 de julio de 1954, comenzó a crecer en 1929, cuando se casó con el reconocido muralista mexicano Diego Rivera. Sus personalidades eran tan atractivas y su amor tan intenso, que su matrimonio se considera uno de los más famosos del siglo XX.

Pero no fue solamente la unión con el célebre Rivera lo que despertó la fascinación cada vez mayor que ejerce Kahlo sobre el público. La dolorosa historia de su vida es motivo de inspiración para los artistas en general, quienes muchas veces trabajan bajo condiciones difíciles. En particular, ha servido de modelo a las mujeres artistas, que han encontrado en la fuerza y en el coraje de Kahlo, un ejemplo de cómo sobresalir en un mundo dominado por los hombres.

NOTA DE LA ILUSTRADORA

LA MUNDIALMENTE RECONOCIDA PINTORA MEXICANA FRIDA KAHLO realizó una importante contribución al arte y a la cultura de México. El arte y la cultura de México, a su vez, jugaron un papel fundamental en la evolución de Frida como artista.

Es por esta razón que he representado los personajes tradicionales del arte folclórico mexicano —calaveras, pequeños demonios, jaguares mansos entre otros— como compañeros constantes de Frida: imágenes que seguramente vio en la casa de su infancia, en los mercados de su pueblo y en los libros. En las fotografías del hogar que Frida compartió con Diego Rivera se pueden apreciar todos estos personajes folclóricos decorando las habitaciones.

Así como estos personajes inspiraron a Frida Kahlo, ella me inspiró a mí. Y espero que ella a su vez te inspire a ti.

Spanish Language Editorial Team: María del Carmen Leal, Macarena Salas, Esther Sarfatti, Eida de la Vega, and James M. Burdine

LIBRARY OF CONGRESS CATALOGING-IN-PUBLICATION DATA AVAILABLE ISBN 0-439-33118-8
Arthur A. Levine Books English edition was designed by Marijka Kostiw and Ana Juan published simultaneously by Arthur A. Levine Books, an imprint of Scholastic Press, February 2002. 33 32 31 30 29 28 15 16 17 18 19/0

The art was created using acrylics and wax on paper. The text was set in GF Hegemonic. The display type was set in Zaragoza.

Printed in the U.S.A. 08 • First Scholastic Spanish paperback printing February 2002